문해력 쭉쭉 키우는 읽기 처방전

책 읽기 싫어증

문해력 쭉쭉 키우는 읽기 처방전

책 읽기 싫어증

문부일 글
주노 그림

우리학교

책 읽기 싫어증 처방전

흥미 올리기 처방전

읽기 비법을 만화로 쉽고 재미있게 읽을 수 있고
다음에 이어질 갈래 글의 주제도 미리 알아봅니다.

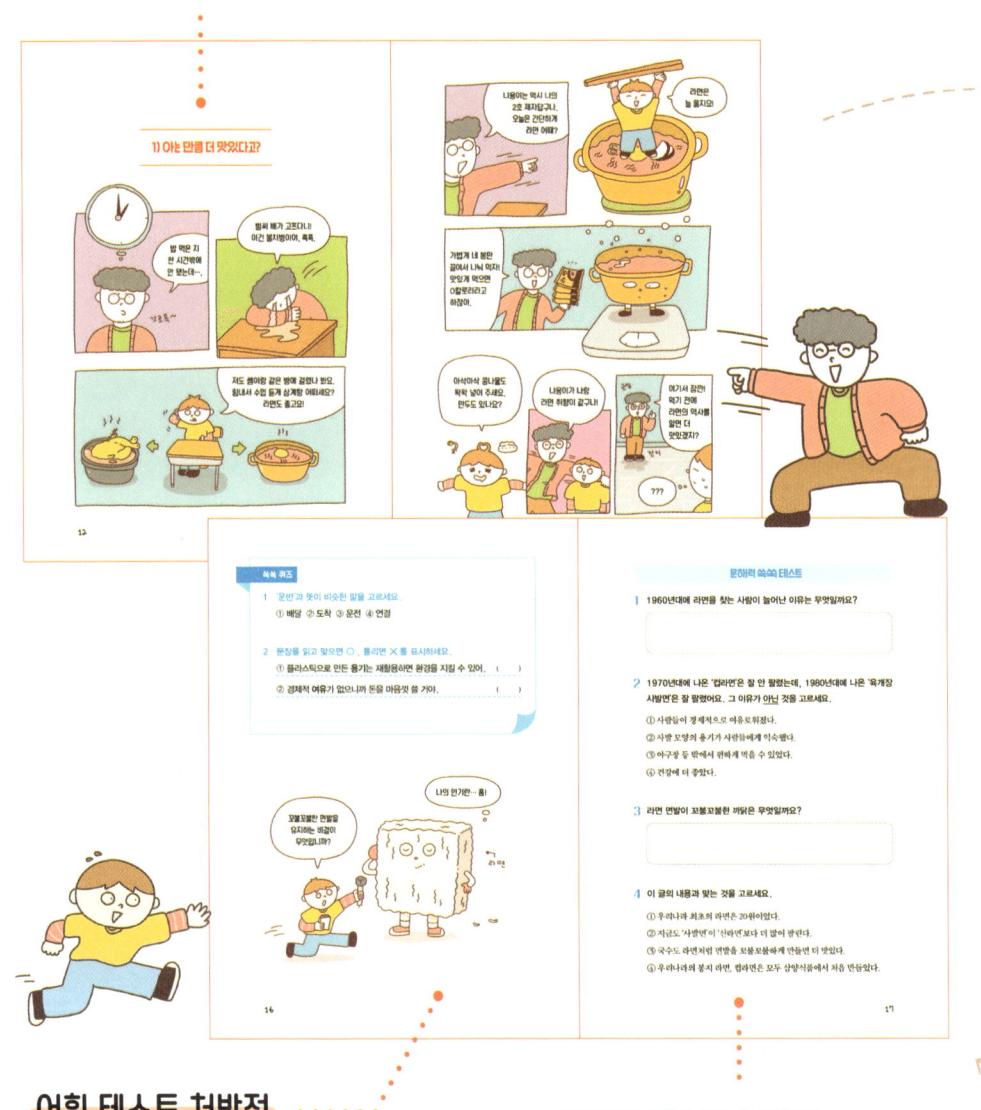

어휘 테스트 처방전

본문에 나온 어휘를 제대로 이해했는지 확인할 수 있는 복습 문제입니다. 간단한 문제를 풀며 낱말의 뜻과 활용을 제대로 짚고 넘어갈 수 있습니다.

문해력 테스트 처방전

본문의 내용을 얼마나 이해하고 있는지 확인하는 문제입니다. 객관식과 주관식, 줄 잇기, 그림 그리기 등 다양한 유형의 문제를 만날 수 있습니다.

맛있게 읽기 처방전

설명문, 기사, 일기 등 다양한 갈래의 글을 재미있는 주제로 만나 봅니다. 기초 편에서는 짧은 글을 가볍게, 심화 편에서는 조금 긴 글을 집중해서 읽어 볼 수 있습니다.

어휘 쏙쏙 처방전

글에 쓰인 낱말 중 뜻이 알쏭달쏭한 낱말, 뜻을 유추하기 어려운 낱말을 엄선해서 알려 줍니다. 어휘 처방은 되도록이면 본문을 한 번 읽고 난 뒤 읽어 보기를 권합니다.

읽기 꿀팁 처방전

본문에 소개 된 열두 가지 갈래 글의 특성과 각각의 주제에 맞는 읽기 꿀팁을 소개합니다.

차례

1부
기초: 짧은 글을 가볍게 읽기

❶ 아는 만큼 더 맛있다고?
　　설명문: 우리나라 라면의 역사 ·················· 12

❷ 어린이날, 주인공은 나야 나!
　　초대장: 어서 와, 이렇게
　　　　　 재미있는 어린이날은 처음이지? ·············· 18

❸ 층간 소음을 막아라!
　　논설문: 서로를 위해 층간 소음을 예방합시다 ········· 24

❹ 학교 갈 때 우산을 챙겨야 할까?
　　일기 예보: 오늘의 날씨를 말씀드리겠습니다 ········· 30

❺ 제주도 사투리는 알쏭달쏭해!
　　생활문: 마음이 멘도롱 또똣해질 때 ··················· 36

❻ 일기를 쓰고 싶어지는 계절
　　일기: 시험은 너무 어려워! ·························· 42

2부
심화: 좀 더 긴 글을 집중해서 읽기

❶ 심청과 팥쥐가 만난다면?
　희곡: 반전 매력이 넘치는 심청과 팥쥐 ·················· 52

❷ 읽고 싶어, 신문?
　기사문: 아이스크림의 앞날은? ·················· 62

❸ 나도 이제 백만 유튜버!
　방송 기획서: 체인지! 입장 바꿔! ·················· 70

❹ 문자 대신 편지를!
　편지글: 사촌 신나용에게 ·················· 78

❺ 시도 때도 없이 읽고 싶은 시
　시: 바닷가에서 ·················· 86

❻ 어린이 희망 직업 1위가 궁금해?
　조사 통계표: 어른들은 몰라요! ·················· 92

❼ 공공 기관으로 출동!
　설명문: 공공 기관의 종류와 하는 일 ·················· 100

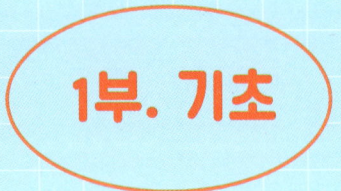

1부. 기초

짧은 글을
가볍게 읽기

1) 아는 만큼 더 맛있다고?

> 맛있게 읽기: 설명문

우리나라 라면의 역사

　우리나라 최초의 라면은 1963년 삼양식품에서 만든 '삼양라면'으로, 가격은 10원이었습니다. 우리나라 사람들은 밥과 국에 익숙해서 처음에는 라면이 잘 팔리지 않았습니다. 하지만 당시 우리나라에 쌀이 부족한 탓에 '분식 먹기 운동'이 진행되면서 차츰 라면을 찾는 사람이 늘었습니다.

　1986년에는 농심에서 한국 사람들이 좋아하는 매운맛을 강조한 '신라면'을 판매하기 시작했는데 큰 인기를 끌었습니다. 2024년 기준, 신라면은 국내에서 가장 많이 팔리는 라면입니다.

　한편, 우리나라 최초의 컵라면은 1972년 삼양식품에서 만들었습니다. 제품 이름도 '컵라면'이었습니다. 하지만 봉지 라면보다 가격이 비싸고, 컵 모양의 용기가 낯설어서 초기에는 사 먹는 사람이 많지 않았다고 합니다.

　이후 1982년 농심에서 '육개장 사발면'이 나오면서 많은 사랑을 받았습니다. 사발면이 인기를 끈 이유는 여러 가지가 있는데 먼저, 라면 용기가 우리나라 사람에게 친숙한 사발 모양이었습니다. 두 번째는 경제가 발전하고 여유가 생기면서 다소 비싼 상품도 팔리게 되었기 때문입니다. 마지막으로, 프로 야구가 시작되면서 야구장처럼 집 밖에서 편하게 먹을 수 있는 식품을 찾는 사람이 늘었기 때문입니다. 육개장 사발면은 지금까지도 컵라면 중에서 가장 많은 판매량을 유지하고 있다고 합니다.

　여기서 잠깐! 라면 면발은 왜 꼬불꼬불할까요? 면을 꼬불꼬불하게 만들면 포장이 쉽고 좀 더 많은 양을 넣을 수 있습니다. 또 길게 만든 국수보다 단단해서 운반 중에도 잘 부서지지 않습니다. 그리고 면이 꼬불꼬불해서 끓일 때 면이 빨리 익고 국물도 골고루 밴다고 합니다.

띵동! 낱말 배달

분식 밀가루로 만든 음식.
용기 무엇을 담을 수 있는 그릇.
여유 시간적·경제적으로 넉넉함.
유지 어떤 상태나 상황을 변화 없이 계속 지켜 냄.
운반 물건을 다른 곳으로 옮겨 나름.

설명문 읽기 꿀팁

💬 역사 관련 설명문을 읽을 때, 연도를 외우려고 하면 내용을 파악하기 어려워. 처음에는 그냥 편하게 내용만 집중해서 읽어 봐.

💬 글에서 어떤 상황이 다르게 변했다면, 왜 변했는지 이유를 주목해 봐. 그 부분이 중요하거든! 예를 들어, 이 글에서는 잘 팔리지 않던 라면을 찾는 사람이 왜 많아졌는지 설명하는 부분이 중요하겠지.

💬 모르는 낱말이 나오더라도 멈추지 말고 읽어. 읽다 보면 자연스럽게 그 뜻을 헤아릴 수 있거든. 그래도 이해가 안 되면 표시해 두었다가 나중에 사전에서 찾아보면 돼.

쏙쏙 퀴즈

1 '운반'과 뜻이 비슷한 말을 고르세요.

　① 배달　② 도착　③ 운전　④ 연결

2 문장을 읽고 맞으면 ○, 틀리면 ✕를 표시하세요.

　① 플라스틱으로 만든 **용기**는 재활용하면 환경을 지킬 수 있어.　(　　)

　② 경제적 **여유**가 없으니까 돈을 마음껏 쓸 거야.　(　　)

문해력 쑥쑥 테스트

1 1960년대에 라면을 찾는 사람이 늘어난 이유는 무엇일까요?

┌─────────────────────────────────────┐
│   │
│   │
└─────────────────────────────────────┘

2 1970년대에 나온 '컵라면'은 잘 안 팔렸는데, 1980년대에 나온 '육개장 사발면'은 잘 팔렸어요. 그 이유가 <u>아닌</u> 것을 고르세요.

① 사람들이 경제적으로 여유로워졌다.
② 사발 모양의 용기가 사람들에게 익숙했다.
③ 야구장 등 밖에서 편하게 먹을 수 있었다.
④ 건강에 더 좋았다.

3 라면 면발이 꼬불꼬불한 까닭은 무엇일까요?

┌─────────────────────────────────────┐
│   │
│   │
└─────────────────────────────────────┘

4 이 글의 내용과 맞는 것을 고르세요.

① 우리나라 최초의 라면은 20원이었다.
② 지금도 '사발면'이 '신라면'보다 더 많이 팔린다.
③ 국수도 라면처럼 면발을 꼬불꼬불하게 만들면 더 맛있다.
④ 우리나라의 봉지 라면, 컵라면은 모두 삼양식품에서 처음 만들었다.

2) 어린이날, 주인공은 나야 나!

> 맛있게 읽기: 초대장

어서 와, 이렇게
재미있는 어린이날은 처음이지?

날짜: 5월 5일 오전 10시~오후 4시

장소: 나댄다 마을

참가비: 무료(선착순 입장)

점심: 무료 제공

주최: 안 나대는 어른들, 자린고비 저축 은행, 다 판다 마트

   오직 어린이를 위한 어린이날 기념 행사이므로 어른은 동반하지 않습니다. 단, 행사를 안전하게 치르기 위해 10세 이상만 참여 가능합니다.

   점심은 '불난다 떡볶이', '오각 김밥', '일층 샌드위치'이고, 후식으로 '돌멩이 솜사탕'이 제공됩니다.

   어린이 여러분이 가장 궁금해할 행사 일정을 소개할게요.

   오전 10시 나댄다 행정 복지 센터에서 '개회식'을 하고, 서쪽으로 100미터 떨어진 튼튼 운동장에서 11시부터 '뛸까 말까 달리기 대회'를 합니다. 대회가 끝나면 12시부터 한 시간 동안 행정 복지 센터의 동남쪽에 있는 하품 책방에서 '다 읽어 독서 퀴즈 대회'가 열립니다. 이번 퀴즈 대회 문제는 우리나라 옛이야기와 관련된 책에서 출제되니까 미리 읽고 오세요!

   독서 퀴즈 대회가 끝나면 근처 퍼질러 공원에서 점심 식사를 합니다. 2시부터는 행정 복지 센터 북쪽에 있는 팔린다 부동산 앞에서 '질러라 노래 자랑'이

열리니 많이 참여해 주세요. 상품은 비밀, 궁금하면 꼭 오세요!

행사 당일에는 안전사고에 **대비**해서, 119 구급 대원과 구급차가 행사장에 **대기**할 예정입니다.

띵동! 낱말 배달

선착순 먼저 오는 차례.
제공 무언가를 마련해서 내줌.
주최 행사를 열고 진행함.
동반 어디를 가거나, 무엇을 할 때 같이 함. 또는 같이 하는 사람.
일정 해야 할 일을 날짜별로 짠 계획이나 어떤 일을 진행하는 순서.
출제 문제를 냄.
대비 앞으로 일어날 일을 예상해서 미리 준비함.
대기 때나 기회를 기다림.

초대장 읽기 꿀팁

🔴 초대장은 초대에 관한 정보를 전달하는 글이야. 초대하는 날짜, 시간, 장소가 중요하니까 기억해야겠지?

🔴 초대장에 어떤 정보가 있는지, 동네가 어떤 모습인지, 행사 장소는 어디쯤 있는지 상상하면서 읽어 봐. 내가 그 동네에 있는 것처럼 생생하게 느껴져서 더 재미있게 읽을 수 있을 거야.

🔴 각 행사 장소는 원래 무엇을 하는 곳인지 곰곰 생각해 봐.

쏙쏙 퀴즈

1 '동반'과 뜻이 비슷한 말을 고르세요.

① 동행 ② 상반 ③ 분리 ④ 동창

2 괄호 안에 초성을 보고 알맞은 말을 넣으세요.

(ㅅㅊㅅ)으로 판매하는 한정판 운동화를 사기 위해 사람들이 (ㄷㄱ) 하고 있어.

문해력 쏙쏙 테스트

1 어린이날 행사가 열리는 장소 다섯 곳을 지도에 그려 보세요.

2 하품 책방에서 열리는 독서 퀴즈 대회는 몇 시에 끝날까요?

① 오후 1시 ② 오후 2시 ③ 오후 3시 ④ 오후 4시

3 이 글의 정보와 맞게 행사에 참여한 어린이는 누구일까요?

① 아홉 살 동생이 달리기 대회에서 3등을 했어. 대단해!
② 이모가 노래 자랑에서 내가 1등을 한 것을 지켜보고 엄마한테 바로 전화해서 소식을 알렸어.
③ 떡볶이를 2인분이나 먹어서 점심값으로 돈을 많이 썼어.
④ 어린이날 행사에 1등으로 입장하려고 10시가 되기 10분 전에 행정 복지 센터 입구에서 대기했어.

4 '다 읽어 독서 퀴즈 대회'에 문제로 나오지 <u>않는</u> 책은 무엇일까요?

① 놀부는 알뜰해!
② 일하느라 24시간이 모자라, 콩쥐
③ 구두 신고 잘 뛰는 신데렐라
④ 심청이는 국가 대표 다이빙 선수!

3) 층간 소음을 막아라!

맛있게 읽기: 논설문

서로를 위해 층간 소음을 예방합시다

요즘 우리 아파트에 층간 소음 문제가 불거지고 있습니다.

밤은 고요해서 소리가 낮보다 더 잘 들리는데, 밤마다 음악을 크게 틀어 놓거나 샤워하면서 크게 노래를 부르는 분도 있습니다. 욕실에서 큰 소리를 내면 위아래층으로 더 잘 전달된다고 합니다. 또 반려동물을 많이 키우다 보니 개 짖는 소리가 자주 들리기도 합니다.

층간 소음은 겨울에 더 심하다는 연구 결과도 있습니다. 겨울에는 창문을 모두 닫고 있어서 소리가 밖으로 나가지 못하고 다른 집으로 잘 전해지기 때문이라고 합니다. 겨울 방학 기간에 집에 사람이 많아서 더 시끄럽게 느껴지기도 합니다.

층간 소음 때문에 다들 예민해서 이웃 간의 갈등이 많이 일어납니다. 언론에서도 이 문제를 자주 다루고 있습니다. 서로 조금만 더 배려하면 어떨까요?

문을 닫을 때 살살 닫아 보세요. 운동할 땐 바닥에 두꺼운 매트를 깔고, 평소에는 실내화를 신으면 좋겠지요? 밤에 음악을 들을 때는 이어폰을 사용합시다. 공사나 청소 같은 작업은 되도록 낮에 하면 좋습

니다.

우리 모두 서로를 위해서 층간 소음을 예방하고 행복한 아파트를 만들어 갑시다.

띵동! 낱말 배달

불거지다 어떤 사물이나 현상이 두드러지게 커지거나 갑자기 생겨나다.
고요하다 아무 소리도 안 들리고 잠잠하다.
연구 공부하고 조사해서 사실을 밝혀내는 일.
예민하다 무엇인가를 잘 느끼고, 분석하고 판단하는 능력이 뛰어나다.
갈등 다른 사람, 집단과 의견이나 행동이 맞지 않아 충돌하는 것.
언론 신문이나 방송으로 사실과 문제를 알리는 일.
예방하다 질병이나 재해가 일어나기 전에 미리 대처해서 막다.

논설문 읽기 꿀팁

● 논설문에 담긴 주장이 무엇인지 찾아봐. 알맞은 근거를 들고 있는지도 꼼꼼히 살펴봐.

● 특히 처음과 마지막 부분을 눈여겨봐야 해. 논설문은 시작과 끝에 가장 중요한 내용이 담겨 있으니까.

● 글을 읽을 때 내 경험도 떠올려 보자. 나는 앞으로 어떻게 해야 할지 고민하면서 읽으면 더 와닿을 거야!

쏙쏙 퀴즈

1 '고요하다'와 뜻이 비슷한 말을 고르세요.

① 조용하다 ② 떠들썩하다 ③ 왁자지껄하다 ④ 부산스럽다

2 괄호 안에 초성을 보고 알맞은 말을 넣으세요.

> 동물을 (ㅇㄱ)해 보니 개는 코가 (ㅇㅁ)해서 냄새를 잘 맡는다는 사실이 밝혀졌다.

문해력 쏙쏙 테스트

1 겨울에 층간 소음이 더 심한 이유가 <u>아닌</u> 것은 무엇일까요?

① 창문을 닫고 있어서 소리가 밖으로 나가지 못하기 때문에
② 사람들이 외출을 많이 하지 않고 집에 있기 때문에
③ 바람이 세게 불어서 밖의 소리가 더 크게 들리기 때문에
④ 방학 기간에 어린이, 청소년 등 사람이 집에 더 많이 있기 때문에

2 이 글의 내용과 맞지 <u>않는</u> 것을 고르세요.

① 바닥에 매트를 깔면 층간 소음을 줄일 수 있다.
② 층간 소음 때문에 잠을 못 자면 이어폰을 끼는 게 좋다.
③ 낮보다 고요한 밤에 소리가 더 잘 들린다.
④ 반려견이 크게 짖지 않도록 주의해야 한다.

3 이 글의 주제를 정확히 파악한 어린이는 누구일까요?

① 한겨울: 겨울에는 방학을 하면 안 돼!
② 이여름: 단독 주택으로 이사를 가야겠어!
③ 나봄: 층간 소음이 심하면 경찰을 불러야지!
④ 오가을: 나부터 큰 소리를 내지 않도록 조심해야겠어!

4 이 글에서 밑줄 친 부분의 주제로 알맞은 것은 무엇일까요?

① 빌라, 아파트에서 사는 방법
② 두꺼운 매트, 실내화의 좋은 점
③ 층간 소음을 줄이는 방법
④ 이웃과 친해지는 법

4) 학교 갈 때 우산을 챙겨야 할까?

쌤, 오늘은 기분이 좋아 보이시네요!

오랜만에 아주 푹 잤거든! 층간 소음 예방 글을 읽고 설득됐나 봐. 위층이 조용해졌어.

다행이에요, 쌤. 근데 전 어젯밤에 악몽을 꿨어요.

무슨 꿈이었는데? 설마 유쾌, 상쾌, 통쾌한 쌤 수업에 못 나오는 꿈이었어?

그건 좋은 꿈이죠!

맛있게 읽기: 일기 예보

오늘의 날씨를 말씀드리겠습니다

20XX년 5월 20일 일기 예보입니다. 지난주에 이어 이번 주도 후텁지근한 날씨가 계속되고 있습니다. 남부 지방은 한 달 간 비가 오지 않은 데다가 보름 동안 이상 고온까지 겹쳐 가뭄에 시달리고 있습니다. 지구 온난화로 전 세계에 기상 이변이 더욱 자주 일어나는 가운데, 봄 기온도 점점 더 올라가고 있습니다. 기온이 오를수록 식중독 환자가 늘어나므로 주의해야 합니다!

오늘 아침 현재 전국이 화창합니다. 지역별 최고 기온은 중부 지역인 서울과 경기, 강원도는 영상 26도, 남부 지역인 부산과 광주는 영상 28도, 제주는 영상 30도입니다.

오후부터 차차 구름양이 많아지면서 흐려지고 밤부터 제주를 제외한 모든 지역에 비가 오겠습니다. 예상 강우량은 서울을 비롯한 중부 지역은 최대 70mm, 남부 지역은 50mm입니다. 이번 비는 22일까지 사흘 동안 내리겠습니다.

띵동! 낱말 배달

예보 일어날 일을 미리 알림.
보름 음력으로 그달의 15일이 되는 날, 또는 15일 동안의 기간.
기상 대기 중에서 바람, 구름, 비 등이 일어나는 현상.

영상 온도계 눈금상 0도씨 이상의 온도. (반대말은 영하. 0도씨 이하의 온도.)
강우량 비가 내리는 양.　　　　　　**사흘** 3일. (4일은 나흘.)

일기 예보 읽기 꿀팁

🔴 일기 예보는 지도를 떠올리면서 읽으면 훨씬 이해하기 쉬워! 지도를 함께 보면 자연스럽게 각 지역의 위치와 특성도 알 수 있겠지?

🔴 영상, 영하, 강우량 등 어려운 낱말의 뜻을 이해한 뒤 다시 읽으면 머리에 쏙쏙 들어오지.

🔴 날씨를 표현하는 말을 눈여겨보자. 일기 예보가 더 생생하게 느껴질 거야.

쏙쏙 퀴즈

1 문장을 읽고 맞으면 ◯ , 틀리면 ✕ 를 표시하세요.

① 눈이 많이 내려서 **강우량**이 많아졌어.　　　　(　　)

② 나흘이 **사흘**보다 짧은 기간이다.　　　　　　(　　)

2 질문을 읽고 괄호 안에 정답을 써 보세요.

보름달은 음력 며칠에 뜰까요?　(　　　　　　)

문해력 쏙쏙 테스트

1 이 글과 맞지 <u>않는</u> 것을 고르세요.

① 5월 22일에 서울 남산으로 소풍을 가는데 비가 와서 취소될 것 같아.
② 제주에 사는 어린이는 오늘 우산이 필요 없어.
③ 오늘 서울에는 비가 최대 70mm 내릴 거야.
④ 남부 지방은 보름째 비가 내리지 않았대.

2 최근 보름 동안 남부 지방의 날씨와 어울리지 <u>않는</u> 것은 무엇일까요?

① 아이스크림 ② 시원한 물 ③ 양산 ④ 비옷

3 이 글에서 밑줄 친 부분에 어울리는 속담은 무엇일까요?

① 말 한마디에 천 냥 빚도 갚는다
② 가재는 게 편
③ 낮말은 새가 듣고 밤말은 쥐가 듣는다
④ 갈수록 태산

4 중부 지역인 경기도 김포시에 산다면 오늘 날씨가 어떻게 변하는지 오전, 오후, 밤 시간을 그림이나 일기 기호로 표현해 보세요.

오전	오후	밤

5) 제주도 사투리는 알쏭달쏭해!

맛있게 읽기: 생활문

마음이 멘도롱 또똣해질 때

버스가 제주 공항 근처를 지나갔다. 내 앞 좌석에 뽀글 파마를 한 아주머니가 앉아 있었다. 다음 정거장에서 버스가 멈추고, 선글라스를 낀 할머니가 탔다. 뽀글 파마 아주머니가 할머니한테 반갑게 말을 붙였다.

"삼춘! 오랜만이에요."

선글라스 할머니가 손을 흔들었다.

"반가워. 어디 갔다 와?"

"병원에 다녀오는 길이에요."

"무사?"

"소화가 안 되어서요."

아주머니가 손으로 가슴을 쓸어내렸다.

"속이 더부룩할 때 놈삐를 갈아서 먹으면 좋아! 비타민도 많고, 다이어트에도 좋고, 암도 막아 주고. 겨울에 먹는 놈삐는 인삼보다 좋다니까!"

"겨울 무 좋죠! 동치미 담그면 맛있잖아요. 삼춘네 밭에 무 많이 심었죠?"

할머니가 선글라스를 벗으며 말했다.

"응. 다른 곳은 추워서 겨울에 농사를 못 하는데, 제주도는 따스해서 놈삐 농사를 지을 수 있으니 얼마나 좋아! 복 받은 땅이지."

나도 덩달아 제주도의 장점을 떠올리며 감사한 마음이 들었다. 할머니가 아주머니에게 또 물었다.

"근데 뭘 이렇게 많이 샀어?"

"며칠 뒤에 시아버지 식게라서요."

"제사면 사람들 많이 올 텐데, 준비할 게 많겠네."

"호떡 샀는데 멘도롱 또똣할 때 하나 드세요."

"호떡은 따뜻할 때 먹어야 제맛이지. 고마와. 마음도 멘도롱 또똣해지네."

할머니와 아주머니가 호떡을 나눠 드시는데 나도 군침이 돌았다. 버스 안 풍경 덕분에 내 마음도 따뜻해졌다.

띵동! 낱말 배달

소화 먹은 음식이 분해되는 일.
더부룩하다 소화가 잘 안되어 속이 거북하고 답답하다.
동치미 무로 만드는 물김치. 주로 겨울에 담그며 그 국물에 국수를 말아 먹기도 한다.

생활문 읽기 꿀팁

- 생활문은 분위기, 상황을 구체적으로 생생하게 담아내는 글이야. 사람들의 나이, 옷차림, 머리 모양을 떠올리며 읽어 봐. 상상하며 읽으면 더 빠져들어서 생생하게 느껴질 거야.

- 뜻을 모르는 낱말이 나온다고 당황하지 마. 앞뒤 이야기를 읽다 보면 분명히 힌트를 발견할 수 있을 거야.

- 글쓴이가 어떤 생각을 하고 어떤 감정이나 감상을 느꼈는지도 꼭 살펴봐.

쏙쏙 퀴즈

1 괄호 안에 초성을 보고 알맞은 말을 넣으세요.

> 속이 (ㄷㅂㄹ)할 때는 시원한 (ㄷㅊㅁ)를 먹으면 좋아!

2 문장을 읽고 맞으면 ○, 틀리면 ✕ 를 표시하세요.

① 음식을 잘 **소화**하려면 먹고 바로 눕는 게 좋아.　　　　(　　)

② 겨울에는 배추로 만든 **동치미**가 시원해!　　　　　　　(　　)

문해력 쏙쏙 테스트

1 제주도 사투리와 뜻을 알맞게 연결해 보세요.

놈삐　　　　　　•　　　　　•　제사

식게　　　　　　•　　　　　•　왜

무사　　　　　　•　　　　　•　따뜻하다

멘도롱 또똣하다　•　　　　　•　무

2 이 글의 내용과 맞지 <u>않는</u> 것을 <u>모두</u> 고르세요.

① 뽀글 파마 아주머니의 시아버지는 병원에 입원했다.
② 제주도에서 삼춘이라는 말은 여자한테 쓸 수 있다.
③ 선글라스 할머니는 무 농사를 짓는다.
④ 뽀글 파마 아줌마와 할머니는 열 살 차이가 난다.

3 제주도에 관한 설명으로 옳은 것을 고르세요.

① 관광객은 겨울에 추운 날씨가 좋아서 제주도에 간다.
② 제주도는 겨울에도 무 농사를 지을 수 있다.
③ 감귤은 추운 날씨에서 잘 자란다.
④ 제주도에서는 깍두기와 동치미를 많이 먹는다.

4 이 글에서 밑줄 친 부분의 주제로 알맞은 것은 무엇일까요?

① 소화가 잘되는 방법
② 겨울 무의 별명
③ 무가 우리 몸에 좋은 점
④ 무가 값이 싼 이유

6) 일기를 쓰고 싶어지는 계절

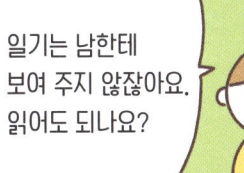

맛있게 읽기: 일기

시험은 너무 어려워!

　시험이 끝났다. 짝꿍이 잘 봤다고 호들갑을 떨었다. 나는 녀석을 보며 눈을 흘겼다. 역시 지난번처럼 이번에도 못 푼 문제가 많았다.

　시험을 잘 보려고 어젯밤 11시까지 공부했다. 그 모습을 보고 아빠가 많이 응원해 주셨다. 아빠가 요즘 편찮으신데, 시험을 잘 봐서 자랑하고 싶었다. 그러면 힘을 내실 테니까.

　마음이 울적할 때는 매운 떡볶이를 먹어야 한다. 학교에서 한참 떨어진 곳에 있는 '불난다 떡볶이'에서 가장 매운 핫핫핫 119단계 떡볶이를 시켰다. 당연히 과일 맛 음료도 함께 시켰다. 음료수 없이 먹었다가 정말 입에 불이 날 수도 있으니까.

　떡볶이가 나왔다. 분식집 누나가 내일부터 튀김 만두를 판다면서 미리 먹어 보라고 공짜로 줬다. 역시 나는 운이 좋다. 그런데 왜 시험은 못 봤을까?

　핫핫핫 119단계 떡볶이를 입에 넣었다. 정말 입에서 불이 나는 것 같았다. 순식간에 이마에서 땀이 뻘뻘 흘렀다. 매운 떡볶이를 먹었더니 힘이 났다. 당장 뛰쳐나가 소리 지르며 달리고 싶었.

　근처 운동장으로 갔다. 구석에 바람 빠진 축구공이 나뒹굴고 있었다. 힘껏 뻥 찼는데 바로 골인! 연속 세 골을 넣었다. 3은 행운의 숫자다! 다음 시험을 잘 볼 것 같다.

　땀이 이마에서 턱까지 흘렀다. 땀방울이 뚝뚝 운동장으로 떨어졌다. 문득 어제 배운, '비 온 뒤에 땅이 굳는다'라는 속담이 떠올랐다.

띵동! 낱말 배달

호들갑 어수선하고 가벼운 행동.
흘기다 눈을 옆으로 떠서 못마땅하게 노려보다.
울적하다 마음이 답답하고 쓸쓸하다.
연속 끊이지 아니하고 죽 이어짐.

일기 읽기 꿀팁

- 일기에는 글쓴이의 마음이 솔직하게 담겨 있어. 마음을 표현한 문장을 눈여겨 보는 게 좋아. 나라면 어떤 기분일까 생각해 보는 거야.

- 어떤 일을 겪고 나서 글쓴이의 기분에 변화가 있었다면 왜, 어떻게 달라졌는지 살펴봐.

- 맛을 어떻게 표현하는지 잘 찾아보고 다르게 표현하는 방법도 생각해 봐.

- 속담이 나오면 그 상황과 잘 어울리는지 꼭 확인해 봐. 다른 속담도 찾아보면 더 좋겠지?

쏙쏙 퀴즈

1 '울적하다'의 뜻과 가장 거리가 먼 말을 고르세요.

① 우울하다 ② 침울하다 ③ 우쭐하다 ④ 적적하다

2 괄호 안에 초성을 보고 알맞은 말을 넣으세요.

(ㅎㄷㄱ)을 떨며 나를 놀리는 친구한테 눈을 (ㅎㄱㄷ).

문해력 쏙쏙 테스트

1 이 글에서 밑줄 친 '비 온 뒤에 땅이 굳는다'와 비슷한 의미의 속담은 무엇일까요?

① 티끌 모아 태산
② 가랑비에 옷이 젖는 줄 모른다
③ 고생 끝에 낙이 온다
④ 낫 놓고 기역자도 모른다

2 이 글을 쓴 어린이한테 건네는 말로 옳지 <u>않은</u> 것을 고르세요.

① 밤늦게까지 공부하느라 고생했어.
② 다음 시험은 더 잘 볼 수 있을 거야.
③ 아빠도 네 노력을 충분히 알고 계실 거야.
④ 떡볶이를 먹었으면 운동해야 살이 찌지 않아.

3 이 글의 내용과 맞지 <u>않는</u> 것을 <u>모두</u> 고르세요.

① 지난번에도 시험을 잘 보지 못했다.
② '불난다 떡볶이'에서 매운맛 떡볶이를 시키면 과일 맛 음료가 같이 나온다.
③ 떡볶이 가게에서 튀김 만두는 아직 팔지 않는다.
④ 아빠는 편찮으셔서 병원에 계신다.

4 글쓴이가 집에 가서 부모님에게 어떤 말을 할지 상상해서 써 보세요.

2부. 심화

좀 더 긴 글을
집중해서 읽기

1) 심청과 팥쥐가 만난다면?

맛있게 읽기: 희곡

반전 매력이 넘치는 심청과 팥쥐

때   조선 시대, 어느 화창한 봄날
곳   나댄다 마을 어귀
등장인물   심청, 팥쥐
무대   우물이 있고 그 뒤로 꽃이 드문드문 피어 있다. 멀리서 까치 소리가 들린다.

1장

조선 팔도에서 가장 착하다고 소문난 심청이 앞을 못 보는 아버지의 식사를 챙기러 부지런히 길을 가고 있다. 심청은 매우 낡은 누더기를 걸치고 있다. 그때 맞은편에서 팥쥐가 뛰어온다.

팥쥐   (손을 흔들며 큰 소리로) 얘, 심청아!
심청   (당황한 표정으로) 저를 아세요? 처음 보는데 왜 반말이세요?
팥쥐   우리 동갑이잖아! 나는 남쪽 마을에 사는 팥쥐야. 우리 엄마가 팥죽을 좋아해서 팥쥐라고 지었대. 너무 촌스럽지? 우리 언니는 콩쥐야. '콩팥' 자매라니까!
심청   아, 네가 그 유명한 팥쥐구나. 나보다 언니인 줄 알았어. 너, 콩쥐 언니를

괴롭힌다고 소문이 자자한 건 아니? 그 못된 성격 좀 고치렴.

팥쥐 처음 보자마자 훈장님처럼 올바른 말만 하는구나!

심청 그런데 무슨 일로 여기까지 온 거야?

팥쥐 네가 공양미 삼백 석에 바다로 팔려 간다는 말을 듣고 너무 충격을 받아서 찾아왔어. 아니, 어떻게 너희 아버지는 너랑 의논도 하지 않고 절에 공양미를 바치겠다고 약속하니? 너무하신 거 아니야?

심청 그 동네까지 소문이 났어? 그렇다고 우리 아버지를 흉보지 마라! 사람은 누구나 실수할 수 있어.

팥쥐가 대나무 바구니에서 그릇을 꺼낸다.

팥쥐 마음고생이 심했는지 얼굴이 까칠하네. 일단 팥죽이라도 한 그릇 먹으면서 이야기를 나누자!

심청 우리 아버지도 팥죽 좋아하셔. 따뜻할 때 같이 드시면 좋을 텐데.

심청의 표정이 어두워진다. 심청이 팥죽을 그릇에 조금만 떠서 먹는다.

팥쥐 너도 참 못 말린다. 지금 아버지 생각할 때가 아니야!

심청 (한 입 먹고 얼굴이 밝아지며) 정말 맛있다! 엄마한테 팥죽 가게 차리시라고 해! 조선 최고 맛집으로 금세 소문날 거야. 근데 너는 소문처럼 아주 못된 아이는 아닌 것 같구나.

팥쥐 이제 알았니? 소문만 듣고 판단하지 마. 사실 나, 공부하고 싶은데 집에서 일만 시키니까 도망친 거야. 엄마 몰래 천자문도 뗐어. 나 혼자서 이

만큼 공부했으면 대단한 거지?

심청 너 생각보다 영리하구나!

팥쥐 우리 오빠는 훈장님 특별 과외까지 받는데도 아직도 천자문을 다 못 외웠어. 어휴, 답답해. 오빠는 공부에 재능이 없는데, 엄마가 무조건 공부만 하래.

심청 여자도 과거를 볼 수 있다면 네가 장원 급제했을 텐데.

팥쥐 누가 아니라니? 왜 여자는 과거를 못 보게 하는 거야! 근데 우리 오빠는 과거 보기 싫다고 난리야!

심청 너희 오빠는 뭘 잘해?

팥쥐 오빠는 손재주가 좋아서 뭐든 뚝딱 잘 만들어. 나막신도 편하게 잘 만들거든. 오빠가 만든 필통은 정말 가볍다니까! 장에 내다 팔았더니 금세 다 팔렸잖아.

심청 그러면 물건을 만들면 되겠네.

팥쥐 근데 엄마가 반대해. 아들은 과거에 합격해서 집안을 일으켜야 한다고. 오빠도 참 안쓰러워. 하기 싫은 공부를 억지로 하잖아. 난 오빠한테 빌린 책으로 공부하는데, 요즘 「홍길동전」이 정말 재미있어! 나도 나중에 그런 이야기책을 쓸 거야.

심청은 팥쥐를 물끄러미 바라보다가 옷소매로 눈가를 훔친다.

심청 넌 앞으로 당당하게 살아갈 것 같은데, 나는 무시무시한 인당수에 몸을 던져야 한다니!

심청이가 이내 엉엉 울기 시작한다.

팥쥐 (화내며) 네가 왜 그래야 해? 절에 가서 공양미 삼백 석 바친다고 약속한 거 취소해 달라고 해! 거절하면 우리 엄마랑 콩팥 자매가 가서 따질게. 그럼 스님이 당장 취소해 줄 거야. 그리고 이제부터 너희 아버지도 일을 하시면 좋겠어. 앞이 안 보여도 할 수 있는 일이 많아.

심청 아버지가 할 수 있는 일이 뭐가 있을까?

팥쥐 (곰곰 생각하며) 새끼줄 꼬기나 짚신 만들기는 하실 수 있을 거야! 우리 엄마가 마당발이라 조선 팔도에 아는 사람이 참 많아. 알아봐 줄게.

심청 왜 그 생각을 못 했지? 아, 참! 그리고 나도 팥죽 쑤는 법을 배워서 장사할래. 틈틈이 너한테 글도 배우고 싶어.

팥죽을 마저 다 먹는 심청의 얼굴이 밝아진다.

팥쥐 그래, 우리 같이 장사하자! 장사하러 이 동네 저 동네 돌아다니면서 세상 구경도 하면 신나겠지? 이야기 쓰는 데도 도움이 될 거야.

띵동! 낱말 배달

누더기 찢어지거나 해진 부분에 다른 천을 덧댄 낡은 옷.
공양미 절에 바치는 쌀.
과거 옛날에 관리가 되기 위해 보던 시험.
급제 시험이나 과거에 합격함. 일등으로 붙으면 '장원 급제'라고 함.
새끼줄 짚을 꼬아서 만든 줄.
마당발 인간관계가 넓어서 폭넓게 활동하는 사람.

희곡 읽기 꿀팁

🗨️ 희곡은 등장인물의 모습을 상상하면서 말하듯이 읽어야 해. 소리 내 읽어도 좋고, 배우처럼 연기하듯 표정도 지어 보면 더 좋겠지?

🗨️ 등장인물이 그 상황에서 왜 그 말을 하는지, 정말 그 사람이 된 것처럼 속마음을 헤아려 보자.

🗨️ 이야기가 끝나고 주인공이 어떻게 되었을지 뒷이야기를 상상해 봐.

🗨️ 희곡을 연극으로 본다면 어떨지 관객의 입장에서도 생각해 봐.

쏙쏙 퀴즈

1. 괄호 안에 알맞은 말을 넣으세요.

   「춘향전」에서 이몽룡은 관리가 되려고 열심히 공부해서
   (   )를 보고 장원 (   )했어!

2. 문장을 읽고 맞으면 ○, 틀리면 ✕를 표시하세요.

   ① 새끼줄은 철사로 만들어서 역시 튼튼해.   (   )

   ② 절에 공양미를 바치려고 과일을 샀어.   (   )

문해력 쏙쏙 테스트

1 이 글의 내용과 맞지 <u>않는</u> 것을 고르세요.

① 심청의 아버지는 앞을 못 본다.

② 조선 시대에 여자는 과거를 볼 수 없었다.

③ 심청은 공양미 삼백 석을 바치겠다고 약속한 아버지를 미워한다.

④ 팥쥐는 공부를 좋아하고 작가가 되고 싶어한다.

2 이 글의 앞부분에서 심청은 왜 팥쥐가 소문처럼 아주 못된 아이는 아니라고 생각했을까요?

　

3 팥쥐에 대한 설명으로 맞지 않는 것을 고르세요.

① 혼자 천자문 공부를 하는 것을 보니 적극적이다.

② 어려운 처지에 놓인 심청을 도와주다니, 착하다.

③ 공부 못하는 오빠를 무시한다.

④ 앞으로 어떻게 살아갈지 계획을 세워 놓을 만큼 야무지다.

4 이 글에 이어질 뒷이야기의 내용으로 가장 어울리지 않는 것은 무엇일까요?

① 요리의 달인이 된 심청이 『청이네 사계절 죽 요리』라는 책을 펴낸다.

② 심청과 팥쥐는 과거에 급제해서 관리가 된다.

③ 팥쥐는 이야기를 재미있게 잘 지어서 유명 작가가 된다.

④ 심청과 팥쥐는 몸이 불편한 사람도 일할 수 있는 가게를 연다.

5 이 글을 읽은 뒤 감상으로 적절하지 않은 것을 고르세요.

① 내가 잘하는 일을 찾아서 하는 것도 공부만큼 중요한 일이야.
② 장애가 있어도 알맞은 일을 할 수 있도록 사회가 도와야 해!
③ 남녀 차별 없이 누구나 실력만 있으면 과거를 볼 수 있어야 해.
④ 약속은 중요하니까 스님과 한 약속은 반드시 지켜야 해!

6 이 글에서 심청과 팥쥐의 관계를 잘 보여 주는 속담은 무엇일까요?

① 백지장도 맞들면 낫다
② 쇠귀에 경 읽기
③ 고래 싸움에 새우 등 터진다
④ 입이 열 개라도 할 말이 없다

2) 읽고 싶어, 신문?

맛있게 읽기: 기사문

아이스크림의 앞날은?

아이스크림이 가장 많이 팔리는 여름이 왔지만 생산 업체 관계자들 얼굴에는 잔뜩 먹구름이 끼어 있다. 우유와 설탕, 초콜릿 등 아이스크림의 주요 재룟값이 올라 아이스크림을 판매해도 얻을 수 있는 이익이 많이 줄어들었기 때문이다. 특히 기후 변화로 인해 초콜릿 원료인 카카오의 생산량이 줄면서 내년에는 초콜릿 가격이 더욱 오를 것으로 예상된다.

그뿐만 아니라 아이스크림 판매량마저 꾸준히 줄고 있다. 올해 장마가 길어지면서 예년만큼 날씨가 덥지 않아 아이스크림을 비롯한 빙과류를 찾는 사람이 크게 줄었다. 주요 업체들은 예년에 비해 10% 정도 판매량이 떨어진 것으로 보고 있다. 앞으로도 계속해서 판매량이 감소할 것으로 업계는 전망하고 있다.

업계는 판매량이 감소한 원인으로 저출생의 영향을 꼽고 있다. 아이스크림을 가장 많이 소비하는 어린이, 청소년 인구가 꾸준히 감소하고 있기 때문이다. 정부에서 출생 장려 대책을 세우고 있지만 눈에 띄는 효과는 나타나지 않고 있다.

게다가 저렴한 커피를 판매하는 커피 전문점이 많아지면서 아이스크림 대신 아이스커피를 찾는 소비자가 많아진 것도 아이스크림 판매량 감소의 원인으로 꼽히고 있다. 웰빙, 다이어트 열풍 속에서 건강을 챙기려는 소비자들이 당분이 적게 들어간 간식을 찾기 때문이다.

이와 같은 흐름을 눈여겨본 관련 업체들은 다양한 대책을 고심하고 있다. 한

관계자는 건강을 생각하는 소비자들을 위해 설탕을 넣지 않은 '제로 슈가' 제품이나, 호두, 아몬드 같은 견과류를 넣은 아이스크림을 연구 중이라고 귀띔했다.

한편 조금 다른 전망도 들린다. 앞으로 아이스크림 무인 가게가 늘어나면 인건비가 절감되어 아이스크림 가격이 떨어질 것이라는 의견이다. 따라서 소비자들이 더 저렴하게 살 수 있게 되면 아이스크림 판매가 늘어나리라 기대하는 목소리도 있다.

잼나라 신문
김세라 기자 kimsera@jaemnara.woori.kr

띵동! 낱말 배달

예년 보통의 해.
전망 먼 곳을 바라보거나 멀리 내다보이는 경치. 또는 앞날을 헤아려 내다보는 상황.
영향 어떤 사물이나 사람의 힘이 다른 사물이나 사람에 미치는 것.
대책 문제를 해결하는 데 알맞은 방법이나 계획.
귀띔하다 상대가 눈치채게 미리 슬그머니 알려 주다.
무인 사람이 없음.
인건비 일한 대가로 주는 돈.

기사문 읽기 꿀팁

🔴 기사문은 첫 문장을 눈여겨봐야 해. 가장 중요한 내용이 담겨 있거든. 연도, 퍼센트 등 숫자를 잘 확인하는 것도 중요해.

🔴 기사문이 주요하게 다루는 문제의식이 무엇인지 파악한 뒤 원인이나 해결 방법을 적은 부분을 잘 살펴봐.

🔴 기사에 설문 조사 내용이 포함돼 있다면, 직접 주변 사람들에게 물어보면서 비교해도 좋겠지? 예를 들어 어른들이 아이스크림보다 아이스커피를 더 좋아한다는 내용을 읽었다면, 주변 어른들에게 묻거나 슈퍼나 편의점 사장님한테 실제로 그런지 물어보면 좋은 공부가 될 거야.

쏙쏙 퀴즈

1 괄호 안에 알맞은 말을 넣으세요.

( ) 가게가 늘어나면 일자리를 잃는 사람들이 많아질 것이다.

2 문장을 읽고 맞으면 ◯, 틀리면 ✗를 표시하세요.
① 친구가 내가 까먹은 단어를 귀띔해 주었어.　　　　　(　)
② 내년에는 우리나라 경제가 크게 성장할 전망이래.　　(　)

문해력 쑥쑥 테스트

1 이 글의 내용과 맞지 <u>않는</u> 것을 고르세요.

① 어린이, 청소년이 줄어들면 아이스크림도 적게 팔릴 것이다.
② 무인 가게는 인건비가 나가지 않아 아이스크림을 더 싸게 팔 수 있다.
③ 아이스크림 업체는 더 달고 화려한 제품을 연구 중이다.
④ 장마가 길어지면 아이스크림 판매량이 떨어진다.

2 이 글을 읽은 뒤, 날씨에 따른 물건과 음식 판매량을 분석한 것으로 알맞지 <u>않은</u> 것을 고르세요.

① 비가 오면 우산이 많이 팔린다.
② 비가 와서 시원하면 아이스크림이 적게 팔린다.
③ 추운 겨울에는 호빵, 붕어빵, 군고구마가 많이 팔린다.
④ 눈이 내리는 날에는 눈꽃 빙수가 많이 팔린다.

3 어린이와 청소년이 줄어들면 다음 중 어떤 가게의 장사가 잘 안될까요? 가장 거리가 <u>먼 것</u>을 고르세요.

① 학교 앞 문방구
② 커피 전문점
③ 키즈 카페
④ 태권도 학원

4 이 글을 봤을 때 성인들이 아이스크림보다 아이스커피를 많이 찾는 이유는 무엇일까요?

① 아이스커피를 마시면 일을 잘 할 수 있다.
② 당분이 없는 아이스커피는 살이 찌지 않는다.
③ 아이스크림 한 개 값으로 아이스커피 두 잔을 살 수 있다.
④ 커피 판매점이 아이스크림 가게보다 더 많다.

5 이 글을 읽은 어린이의 반응으로 가장 알맞지 않은 것을 고르세요.

① 우리나라의 저출생이 심각한 문제구나!
② 환경이 파괴되면 내가 좋아하는 초콜릿을 먹지 못하겠군.
③ 아이스크림이 안 팔리면 탕후루를 팔면 돼!
④ 무인 가게가 늘어나면 어른들이 일자리를 잃겠구나.

6 아이스크림 생산 업체의 대책과 어울리는 속담은 무엇일까요?

① 떡 본 김에 제사 지낸다
② 하늘이 무너져도 솟아날 구멍이 있다
③ 서당 개 삼 년에 풍월을 읊는다
④ 돌다리도 두들겨 보고 건너라

3) 나도 이제 백만 유튜버!

맛있게 읽기: 방송 기획서

체인지! 입장 바꿔!

작성일: 20XX년 X월 X일

유튜브 방송 기획서	
방송 제목	체인지! 입장 바꿔!
기획 목적	부모와 자녀가 입장을 바꿔 생활하며 서로의 고민을 이해하는 모습을 구체적으로 보여 준다. 그 과정에서 예상 밖의 일들이 일어나 재미와 감동을 줄 수 있다. 또한 어린이들이 다양한 직업을 간접 체험할 수 있다.
주요 시청자	초등학교 3학년 이상 학생, 학부모
방송 일시	20XX년 5월 1일부터 매주 1회, 3개월 동안
방송 시간	어린이가 많이 시청할 수 있는 시간 (의견 수렴 중)
방송 주요 내용	부모가 자녀의 학교에 등교해서 공부하고, 자녀는 부모의 직장에 출근해서 일을 하며 서로의 일상을 살아 본다. 예를 들어 부모는 학교와 학원에서 수행 평가 준비, 시험공부를 한다. 자녀는 마트, 공장, 농장, 사무실에서 계산, 제품 포장, 농산물 수확, 미팅 등의 업무를 직접 해 본다.
어린이 입장	어린이 시청자는 어른들이 직장에서 얼마나 어렵게 일하는지

	알 수 있다. 다양한 직업을 체험하며, 부모의 마음, 고민, 삶을 더 깊이 헤아릴 수 있다. 또한 월급 명세서를 보면서 돈에 대한 공부도 할 수 있다.
어른 입장	어른 시청자는 어린이들이 학교와 학원에서 공부하느라 얼마나 힘든지 알 수 있다. 또 공부 외에 축제, 운동회 등 학교 행사에도 참가하고, 축구, 음악 줄넘기 등 예체능 활동도 해 보며 어린이의 학교생활을 더 잘 이해할 수 있다.
효과 및 성과	• 어린이들이 겪는 다양한 고민과 문제를 세상에 알려 도움을 받을 수 있다. • 부모와 자녀가 서로를 이해하고 소통하는 법을 배울 수 있다. • 어른들은 어린이들의 고민을 이해하고 한층 가까워질 수 있다. • 어린이들은 다양한 직업을 미리 경험할 수 있다.
주의 사항	• 댓글을 읽고 상처받는 어린이가 있을 수 있으니, 유튜브 영상에 댓글 기능을 막는다. • 촬영 중 발생할 수 있는 안전사고에 대비해 보험에 가입하고, 촬영 당일에는 119 구급대에 미리 협조 요청을 해 둔다.
출연자 섭외 방법	• 텔레비전, 유튜브, SNS에 출연자 모집 공고 • 학교, 사회 복지 기관에 제보 요청
진행자 및 출연진	진행자_ 한 명(미정) 출연자_ 부모와 어린이 2인 구성 총 세 쌍(미정)

띵동! 낱말 배달

기획서 어떤 일을 하기 전에 구체적으로 계획을 정리한 서류.

수렴 돈, 물건을 거두어들이거나 의견을 하나로 모음.

수행 평가 어떤 과제를 제시하고 학생이 해결하는 과정과 결과를 평가하는 것.

명세서 물품이나 금액 내용을 자세하게 적은 문서.

효과 어떤 일을 진행했을 때 일어나는 좋은 결과.

성과 이루어 낸 결과.

섭외 연락해서 참여나 참석을 의논함.

제보 어떤 정보를 제공함.

미정 아직 정하지 못함.

방송 기획서 읽기 꿀팁

- 기획서에서 표 왼쪽 항목명과 오른쪽 내용이 잘 연결돼 있는지 살펴봐.

- 주요 시청자가 누구인지, 방송 목적은 명확한지 파악해 봐.

- 기획서에서 가장 중요한 부분은 효과와 성과라는 점을 기억하자! 예를 들어 이 방송을 만들었을 때 어린이, 어른 시청자에게 어떤 도움을 주는지 생각하고 기획서에 나타내야 해. 만약 효과나 성과 항목이 없다면 기획서를 다시 쓰는 게 좋아.

쏙쏙 퀴즈

1 괄호 안에 알맞은 말을 넣으세요.

> 주말 행사에 초대할 아이돌을 아직 (   )하지 못했어!
> 우리 동네에 특이한 나무가 있는데 방송국에 (   )해 볼까?

2 '기획서'와 뜻이 비슷한 말을 고르세요.

① 계획서 ② 계산서 ③ 이력서 ④ 시말서

문해력 쑥쑥 테스트

1 이 방송의 진행자로 연예인을 섭외한다면 누가 좋을까요? 그 이유도 써 보세요.

2 많은 어린이가 시청할 수 있는 방송 시간은 언제일까요?

① 일요일 오전 5시

② 토요일 오후 7시

③ 월요일 오후 11시

④ 화요일 오전 10시

3 이 글의 내용과 맞지 <u>않는</u> 것을 고르세요.

① 어린이 시청자는 다양한 직업을 체험하면서 자기한테 맞는 일을 찾아볼 수 있다.

② 촬영 중에 안전사고가 발생할 수 있으니 미리 대비를 해야 한다.

③ 시청자가 남긴 댓글은 출연한 어린이에게 도움이 될 테니 출연자가 꼭 읽게 한다.

④ 어린이 시청자는 용돈을 소중히 아껴 써야겠다고 생각하게 될 것이다.

4 이 글에서 밑줄 친 부분에 어울리는 사자성어를 고르세요.

① 소탐대실: 작은 것을 욕심내다가 큰 것을 놓친다.
② 권선징악: 착한 일은 권하고 악한 일은 벌한다.
③ 학수고대: 학처럼 목을 길게 빼고 간절하게 기다린다.
④ 일석이조: 돌 하나로 새 두 마리를 잡는다.

5 이 방송의 홍보 포스터에 넣을 문구를 쓴다면 무엇이 좋을까요?

6 내가 이 방송의 출연자라면 부모님이 학교에서 무엇을 경험하면 좋을지, 무엇을 느끼면 좋을지 자유롭게 적어 보세요.

4) 문자 대신 편지를!

맛있게 읽기: 편지글

사촌 신나용에게

안녕? 잘 지내지? 편지를 쓰니 어색하네.

네가 좋아하는 샤방맨 편지지를 사려고 인터넷 쇼핑몰을 다 둘러봤어. 샤방맨이 정말 귀엽지? 많이 샀으니까 다음에 만나면 스티커도 같이 줄게!

소풍은 잘 갔다 왔어? 왈왈 랜드 놀이동산은 가 보지 못해서 궁금해. 다음에 너희 집이랑 우리 집 가족 다 모여서 함께 가면 좋겠어. 김밥도 싸고 네가 좋아하는 닭강정 불맛 3단계도 포장해 가면 좋겠지? 맞다! 네가 가장 좋아하는 샤우팅 걸즈의 노래도 차에서 들으면 좋겠네.

너도 눈치채고 있겠지만, 이렇게 편지를 쓴 이유는 지난번의 그 일을 사과하고 싶어서야. 너는 노력한 만큼 성적이 오르지 않는다고 내가 너무 심하게 말했지? 네 노력을 무시하듯이 말해서 미안해.

이참에 솔직하게 말할게. 네가 뭐든 잘해서 그동안 내가 질투하고 있었나 봐.

유치원 다닐 때 너랑 나랑 같은 반이었잖아. 너는 영어 말하기 대회, 태권도 대회, 그리기 대회에서 상을 많이 받았어. 평소에 작은엄마가 네 자랑을 많이 했어. 명절에는 고모, 삼촌네가 모이면 네 칭찬을 계속했어. 그러면 엄마가 나한테도 좀 잘하라고 잔소리를 했거든. 그때 많이 속상했어.

나는 특히 그림을 너무 못 그렸잖아. 네 그림을 보면 주눅이 들었어. 나도 노력하는데 왜 잘 그리지 못하지? 왜 상을 받지 못할까? 이런 생각을 많이 했어.

그래서 나는 초등학교에 들어간 뒤부터 수학, 영어 공부를 더 열심히 했어. 다행히도 수학, 영어가 태권도나 미술보다 재밌더라고. 그런데 네가 이제 수학, 영어까지 잘하려고 노력하니 샘이 났나 봐.

하지만 무엇이든 노력하는 건 멋진 일이라고 생각해. 나도 열심히 공부한 만큼 성과가 있었으니 너도 좋은 결과가 있을 거야. 응원할게. 우리 같이 열심히 노력하자.

그리고 이제 나는 누구랑 비교하지 않을 거야. 중요한 건 즐겁게 노력하는 마음이니까! 글쓰기도 깨방정 쌤이랑 즐겁게 수업하며 노력했더니 많이 늘었어. 이제는 이렇게 길게 편지도 쓰잖아?

네가 내 사과를 받아 주리라 믿어. 신나용은 누구보다 마음이 넓으니까. 그렇지? 너도 힘든 일이 있으면 이렇게 편지를 써 봐. 무거웠던 마음이 정말 **후련해져**. 깨방정 쌤이 왜 손 편지를 자주 쓰라고 했는지 알 것 같아!

화해 기념으로 같이 떡볶이도 먹고 즉석 사진도 찍자. 내가 엄마, 아빠한테 물어보고 연락할게.

너의 사촌 신난다

띵동! 낱말 배달

눈치채다 어떤 일의 낌새나 남의 마음 따위를 알아내다.
질투 다른 사람을 미워하거나 샘을 냄.
주눅 움츠러드는 태도나 성질.
후련하다 답답하거나 언짢았던 마음이 풀려서 시원하다.
화해 다툼이나 싸움을 멈추고 안 좋은 감정을 풀어냄.

편지글 읽기 꿀팁

- 편지글 형식을 잘 갖추었는지 살펴봐. 처음에는 편지를 받는 사람을 부르고 안부 인사를 건넸는지, 마지막에는 보내는 사람이 누구인지 밝혔는지 살펴보는 거야.

- 편지를 쓴 이유가 가장 중요하니까 잘 찾아보자. 만약 사과하는 내용이라면 잘못을 구체적으로 적었는지 봐야 해. 또 잘못을 인정하고 용서를 구하는 마음을 어떻게 표현하는지도 눈여겨봐.

- 편지를 받는 사람이 어떤 표현에서 감동을 받을지 예상하며 읽으면 좋아.

쏙쏙 퀴즈

1 괄호 안에 알맞은 말을 넣으세요.

> 산에 올라 소리를 질렀더니 속이 (   )하네!
> 친구랑 싸웠는데 언제 (   )할지 서로 눈치를 살피는 중이다.

2 '질투'와 뜻이 비슷한 말을 고르세요.
  ① 시샘 ② 사랑 ③ 존경 ④ 위로

문해력 쏙쏙 테스트

1 편지를 받고 화해한 신난다와 신나용의 상황에 어울리는 속담은 무엇일까요?

① 비 온 뒤에 땅이 굳어진다
② 사촌이 땅을 사면 배가 아프다
③ 자다가 봉창 두드린다
④ 발 없는 말이 천 리 간다

2 이 글의 내용과 맞지 <u>않는</u> 것을 고르세요.

① 신나용은 신난다보다 그림을 잘 그린다.
② 신난다의 작은엄마는 자녀 자랑을 많이 한다.
③ 신난다는 어릴 때 신나용을 질투했다.
④ 신나용과 신난다는 이웃사촌이라 친하다.

3 신나용이 좋아하는 게 <u>아닌</u> 것은 무엇일까요?

① 샤방맨 캐릭터
② 닭강정 불맛 3단계
③ 샤우팅 걸즈 노래
④ 왈왈 랜드 놀이동산

4 이 글을 읽은 어린이의 반응으로 알맞지 <u>않은</u> 것을 고르세요.

① 질투를 인정하고 먼저 사과하는 신난다의 용기가 참 멋있다.
② 친구의 노력에 대해 함부로 말하면 안 되겠다.
③ 신난다가 신나용보다 그림을 잘 그리지 못한 건 노력이 부족했기 때문이다.
④ 내가 무엇을 정말 잘하는지 찾아서 더 노력하고 즐겨야겠다.

5 이 글을 읽은 부모님의 느낀 점으로 알맞은 것을 고르세요.

① 친척들 앞에서 자녀 자랑을 하면 아이에게 용기를 줄 수 있어.
② 자녀들에게 말할 때 남들과 비교하면 안 되겠군.
③ 무조건 열심히 하면 누구나 성적이 오를 거라고 격려해 줘야겠어.
④ 예체능보다는 수학, 영어를 잘하는 게 더 중요해.

6 내가 신나용이라면 신난다에게 어떻게 답장을 쓸지, 문자 메시지로 간단히 써 보세요.

5) 시도 때도 없이 읽고 싶은 시

요즘 랩에 빠졌거든요.
드롭 더 비트!

엄마는 바빠,
아빠는 더 바빠.
나도 바빠, 학교로 바삐.
쌤은 빨리빨리,
셈도 빨리빨리.
스마트폰은 빠이빠이.
예~!

비읍, 쌍비읍이 반복되면서 리듬이 느껴지는군. 특히 선생님의 '쌤'과 덧셈 뺄셈의 '셈'을 연달아 넣어서 재미있어. 사실 쌤도 요즘 랩이랑 비슷한 거에 빠져 있어.

그게 뭔데요?

바로 시야! 시가 가사와 비슷하거든.
시를 랩처럼 읽으면 재미있지!
우리 같이 랩처럼 읽어 볼까?

오~

맛있게 읽기: 시

바닷가에서

최승호

우리 고양이 꾹꾹이는 모래를 좋아해
꾹꾹
꾸욱
앞발로 모래 누르는 걸 좋아해

꾹꾹 눌린 모랫길을 좋아하는 건
달랑게야
다리가 달랑달랑
눈알이 달랑달랑

달랑게들은 모랫길에서 달리기를 하지
달랑게들은 무척 빨라
㉠ 게 게 게들아 ㉡ 게 섰거라
나랑 꾹꾹이는 달랑게들을 쫓아가지
우리는 그렇게 바닷가에서 달리기를 하는 거야

띵동! 낱말 배달

달랑게 바다에 사는 게. 한쪽 집게 다리가 크고, 모래 해변에 구멍을 깊게 판다.

시 읽기 꿀팁

- 시는 노래와 비슷하니까 소리를 내서 읽으면 좋아. 소리를 표현한 의성어, 모양을 표현한 의태어가 많아서 소리 내 읽으면 재미있어.

- 노래 가사, 특히 랩에서 비슷한 소리가 반복되면 리듬이 느껴지지? 시에서도 비슷한 낱말이 반복될 때 어떤 느낌이 드는지 살펴봐.

- 시를 쓴 사람은 무엇을 이야기하고 싶었을까? 시로 하고 싶은 말이 무엇인지 생각해 봐. 그게 바로 주제가 되는 거야.

쏙쏙 퀴즈

1 문장을 읽고 맞으면 ○ , 틀리면 ✗ 를 표시하세요.

① 어젯밤에 게가 너무 짖어서 시끄러웠어. ( )

② 달랑게는 바다에 살아. ( )

문해력 쑥쑥 테스트

1 이 글의 내용과 맞지 <u>않는</u> 것을 고르세요.

① 꾹꾹이는 모래를 좋아한다.
② 꾹꾹이는 고양이의 이름이다.
③ 꾹꾹이는 꾹꾹 눌린 모랫길을 좋아한다.
④ 우리는 나, 달랑게, 꾹꾹이다.

2 달랑게를 뒤쫓으며 나랑 꾹꾹이가 한 말을 찾아서 써 보세요.

3 내가 시인이라면 이 시의 제목을 뭐라고 짓고 싶은지 써 보세요.

4 이 시의 3연 3행에 밑줄 친 '㉠ 게 게 게'와 '㉡ 게'의 뜻은 각각 무엇일까요?

① ㉠ 거기　　㉡ 달랑게
② ㉠ 달랑게　㉡ 거기
③ ㉠ 것이　　㉡ 달랑게
④ ㉠ 달랑게　㉡ 것이

5 이 시의 3연 4행에 밑줄 친 '쫓아가지'와 뜻이 비슷한 말을 고르세요.

① 찾아가지
② 따라가지
③ 달려가지
④ 올라가지

6 바닷가 모랫길에 찍힌 꾹꾹이와 달랑게, 나의 발자국 모양을 그려 보세요.

꾹꾹아~!

야옹~!

6) 어린이 희망 직업 1위가 궁금해?

맛있게 읽기: 조사 통계표

어른들은 몰라요!

　교육부와 한국직업능력 연구원이 '2023년 초등학교 희망 직업 설문 조사' 결과를 발표했다.

　초등학생의 장래 희망 순위 1위로 5년째 운동선수가 올랐다. 또 2023년에는 의사가 2위를 차지했는데 2022년 조사에서 4위를 차지한 것과 비교하면 순위가 크게 상승한 것을 알 수 있다. 사회적으로 존경받는 전문직이라는 점, 정년 없이 오랫동안 안정적으로 일할 수 있다는 점이 인기 상승의 요인으로 보인다. 희망하는 직업 3위는 교사, 4위는 유튜버 등 크리에이터(창작자), 5위는 요리사인 것으로 조사됐다.

　이번 조사에서 초등학생의 79.3%가 희망 직업이 있다고 응답했다. 그중에서 '내가 좋아하는 일이라서' 그 직업을 선택했다고 답한 초등학생의 비율이 지난해 50.3%에서 60.3%로 10% 높아졌다. 한편 희망 직업이 없다고 응답한 학생들은 그 이유로 '내가 무엇을 좋아하는지 아직 잘 몰라서'를 가장 많이 꼽았고, 이어서 '내가 잘하는 것(강점)과 못하는 것(약점)을 몰라서'라고 답한 학생이 많았다.

띵동! 낱말 배달

정년 직장에서 물러나는 나이.
상승 낮은 데서 위로 올라감.
요인 어떤 일이 이루어지는 이유.

강점 남보다 뛰어나거나 유리한 점.
약점 남보다 모자라거나 뒤떨어진 점.

<초등학생의 희망 직업 상위 10개>

	2012년	2019년	2020년	2021년	2022년	2023년
1위	운동선수 10.7%	운동선수 11.6%	운동선수 8.8%	운동선수 8.5%	운동선수 9.8%	운동선수 13.4%
2위	교사 10.4%	교사 6.9%	의사 7.6%	의사 6.7%	교사 6.5%	의사 7.1%
3위	의사 9.2%	크리에이터 5.7%	교사 6.5%	교사 6.7%	크리에이터 6.1%	교사 5.4%
4위	연예인 8.2%	의사 5.6%	크리에이터 6.3%	크리에이터 6.1%	의사 6.0%	크리에이터 5.2%
5위	교수 6.0%	요리사 4.1%	프로 게이머 4.3%	경찰관 4.2%	경찰관 4.5%	요리사 4.2%
6위	요리사 5.1%	프로 게이머 4.0%	경찰관 4.2%	요리사 4.1%	요리사 3.9%	가수·성악가 3.6%
7위	법률 전문가 4.5%	경찰관 3.7%	요리사 3.6%	프로 게이머 3.7%	배우·모델 3.3%	경찰관 3.4%
8위	경찰관 3.6%	법률 전문가 3.5%	가수 2.7%	배우·모델 3.3%	가수·성악가 3.0%	법률 전문가 3.1%
9위	패션 디자이너 2.5%	가수·성악가 3.2%	만화가·웹툰 작가 2.5%	가수·성악가 2.9%	법률 전문가 2.8%	제과 제빵사 3.0%
10위	제과 제빵사 2.0%	뷰티 디자이너 2.9%	제과 제빵사 2.3%	법률 전문가 2.7%	만화가·웹툰 작가 2.8%	만화가·웹툰 작가 2.7%

조사 통계표 읽기 꿀팁

🔴 몇 년도 기준의 통계인지 확인하고 통계를 풀이한 설명을 꼼꼼하게 읽어 봐. 예를 들어 설문 대상은 누구인지, 설문의 목적과 주제는 무엇인지 제대로 알아야겠지?

🔴 통계표에서 해마다 순위가 어떻게 변화했는지 살펴보고, 그 이유가 무엇인지 생각해 봐.

🔴 순위와 함께 퍼센트(%)로 표시된 비율도 중요해! 100명 중에 몇 명이 선택했는지 알 수 있거든. 순위는 올랐지만 비율은 내려간 경우도 있으니까 잘 살펴보면 좋겠지?

쏙쏙 퀴즈

1 괄호 안에 알맞은 말을 넣으세요.

( )을 맞은 교장 선생님께서 은퇴 뒤에 세계 여행을 가신대.
내가 남보다 잘하는 나의 ( )을 잘 살리려고 해.

2 '상승'과 뜻이 반대인 말을 고르세요.
① 증가 ② 상향 ③ 향상 ④ 하락

문해력 쑥쑥 테스트

1 이 글에서 2023년 조사 결과와 맞지 <u>않은</u> 것을 고르세요.

① 법률 전문가와 제과 제빵사를 희망하는 학생의 수가 거의 비슷하다.
② 1위 운동선수는 2위 의사와 3위 교사를 합한 것보다 더 비율이 높다.
③ 5위 요리사는 4위 크리에이터보다 선택률이 1% 낮다.
④ 바로 위 상위 순위와 비율이 1% 이상 크게 차이가 나는 직업은 4개다.

2 이 글을 보고, 괄호 안에 들어갈 알맞은 속담을 고르세요.

> (   )고 했는데
> 어린이들이 원하는 직업은 크게 달라지지 않았다.

① 소 잃고 외양간 고친다
② 아니 땐 굴뚝에 연기 날까?
③ 십 년이면 강산도 변한다
④ 누이 좋고 매부 좋다

3 2012년 조사에는 10위 안에 있었으나 2023년에는 10위 안에 들지 않은 직업은 무엇일까요?

4 희망 직업이 없다고 응답한 어린이를 위해 학교에서 준비하는 직업 체험 수업으로 알맞지 않은 것은 무엇일까요?

① 작가와 함께하는 소설가의 꿈!
② 영어, 수학 보충은 방과 후 수업으로!
③ 봉사 활동도 하고 사회 복지사도 체험하자!
④ 요리 기초부터 대회까지, 도전 셰프!

5 이 글을 보고 분석한 내용으로 알맞지 않은 것을 고르세요.

① 운동선수를 희망하는 학생이 가장 많다.
② 운동선수, 의사, 교사는 2020년부터 4년 연속 5위 안에 드는 인기 직업이다.
③ 2023년 교사를 희망한 학생 비율은 2012년도 답변 비율에 비해 절반 가까이 떨어졌다.
④ 배우와 모델을 희망하는 어린이는 매년 조금씩 늘고 있다.

6 내가 희망하는 직업은 무엇인가요? 그 이유와 장래 희망을 이루기 위한 나의 계획을 적어 보세요.

7) 공공 기관으로 출동!

맛있게 읽기: 설명문

공공 기관의 종류와 하는 일

㉠ 공공 기관은 정부의 지원으로 운영되며, 많은 사람에게 도움이 되는 일을 하는 곳입니다. 기업과 달리 돈을 벌 목적으로 운영되는 곳은 아닙니다. 공공 기관에 근무하는 사람은 대부분 국민이 낸 세금으로 나라의 살림을 꾸리는 공무원입니다. 공무원은 사적인 이익을 취해서는 안 되고, 직무 이외에 다른 직업을 갖거나 영리 행위를 할 수 없습니다.

대표적인 공공 기관으로는 도청, 시청, 군청이 있습니다. 이들은 그 지역의 교통, 복지, 환경, 토지, 건설, 문화 등 많은 행정 업무를 맡아 처리하는 기관입니다. 예를 들어 자전거 전용 도로를 만들거나, 공원을 조성하는 일을 합니다. 또 거리를 깨끗하게 청소하고 쓰레기를 수거하는 일도 맡습니다.

시청이나 군청보다 작은 지역을 담당하는 행정 복지 센터도 있습니다. 동네마다 있어서 주민들이 쉽게 찾아와 생활에 필요한 서류를 발급받거나 도움을 받을 수 있습니다. 그 동네로 이사를 가면 행정 복지 센터에 전입 신고를 해야 합니다. 경제적으로 어려운 사람은 행정 복지 센터를 통해 복지 제도의 도움을 받을 수 있습니다.

다른 공공 기관도 알아보겠습니다. 우체국은 편지, 택배를 국내외로 보내는 업무를 합니다. 편지와 택배를 배달하는 사람을 집배원이라고 합니다. 또 우표와 지역 특산품을 판매하고, 은행처럼 저축, 보험 상품을 판매하는 등 금융 업무도 합니다.

어린이들이 많이 찾는 공립 도서관도 빼놓을 수 없는 공공 기관입니다. 지역 주민은 도서관에서 책을 빌리고, 공부도 할 수 있습니다. 도서관은 작가 초청회, 글쓰기 특강, 공연 등 문화 수업과 행사도 엽니다. 도서관에서 책을 추천하고 관리하는 사람을 '사서'라고 합니다.

경찰서는 국민의 생명과 재산을 보호하며, 각종 사고와 범죄를 예방하는 중요한 기관입니다. 경찰서보다 작은 규모로 운영되는 지구대와 파출소는 지역 주민이 안전하게 생활할 수 있도록 도와줍니다. 112에 연락하면 지구대나 파출소에서 경찰관이 출동하여 도움을 줍니다.

보건소는 지역 음식점의 위생을 감시하고 단속하여, 지역 주민의 건강을 증진하고 질병을 예방하고 관리하는 공공 의료 기관입니다. 전염병 예방, 보건 교육, 건강 관리 업무를 맡아서 예방 접종도 실시하며, 여러 가지 건강 프로그램을 개발하고 운영합니다.

소방서는 화재를 진압하거나 예방하는 업무를 보는 기관입니다. 사고가 발생하면 119 구급대가 출동해 사람을 구조하고 응급 처치를 실시하고 병원으로 옮깁니다. 또 평소에는 화재 예방을 위해 소방 시설을 관리하고, 안전사고를 예방하기 위한 교육 프로그램도 운영합니다.

교육청은 어린이, 청소년이 좋은 환경에서 교육받을 수 있도록 도움을 주는 곳입니다. 지역의 학교와 학원을 관리하고 감독하며, 다양한 교육 행사도 진행합니다. 또 학교 시설을 지원하며, 급식 사업도 계획합니다.

기상청은 날씨를 관측하고, 일기 예보를 방송 매체에 전달합니다. 또 대기와 기후 변화를 미리 분석해서 자연재해를 예방합니다.

법원과 검찰청은 나란히 붙어 있습니다. 검찰청에서 검사가 범죄를 수사하고 재판을 요청하기도 합니다. 법원은 판사가 재판을 통해 다툼, 갈등, 사건의

옳고 그름을 따져 올바른 판단을 내리는 곳입니다. 두 기관은 법을 어긴 사람에게 죄를 묻고 벌을 내려 사회 질서를 유지하는 역할을 합니다.

세무서는 국세청에 소속된 기관으로, 세금을 걷고 관리하는 곳입니다. 모든 공공 기관이 세금으로 운영되는 만큼 세무서의 역할이 중요합니다.

ⓒ 이렇게 공공 기관은 각자 하는 일이 정해져 있지만 서로 **협력**해서 같이 일하기도 합니다. 예를 들어, 시청에서 어린이날 행사를 할 때 경찰이 교통정리와 행사장의 안전 관리를 맡습니다. 또 학교에 소방관이 찾아와서 화재 예방 교육을 하기도 합니다.

지금까지 공공 기관이 하는 일을 알아보았습니다. 만약 공공 기관이 없다면 어떻게 될까요? 국민이 자기 권리를 지키기 어렵고, 생활에 필요한 복지나 공적인 도움을 받기 어려워질 것입니다.

띵동! 낱말 배달

세금 국민이 정부에 내는 돈으로, 나라를 운영하는 데 씀.
직무 직책이나 직업에서 책임을 지고 맡은 일.
영리 재산상의 이익.
조성하다 무엇을 만들어서 이루다.
전입 새로운 곳으로 옮겨 옴.
금융 돈과 관련한 일.
위생 병에 걸리지 않게 깨끗한 환경을 갖추는 것.
증진 기운이나 세력이 점점 더 늘어 가고 나아감.
수사 찾아서 조사함. 범죄를 판단하기 위해 범인을 찾고, 증거를 모으는 활동.
협력 힘을 합쳐서 서로 도움.

설명문 읽기 꿀팁

🔴 설명문은 어떤 사실을 알려 주는 글인데 정보가 많은 글은 어려울 수 있어. 새로운 정보를 따로 정리하며 읽거나, 모르는 낱말이 나오면 표시해 두었다가 다시 살펴보는 게 좋아.

🔴 글에서 무엇을 설명하는지는 맨 앞에 나오니까 집중해서 눈여겨봐. 그러면 다음에 이어지는 내용을 쉽게 파악할 수 있을 거야. 예를 들어 이 글에서는 공공 기관이 무엇인지, 누가 근무하는지 등 기본 설명을 잘 이해해야 해. 그래야 뒤에 나오는 공공 기관의 종류도 쉽게 이해할 수 있으니까.

쏙쏙 퀴즈

1 괄호 안에 알맞은 말을 넣으세요.

> 학교와 경찰서는 서로 (　　　)해서 학교 폭력을 막고 있어.
> 이사를 오면 동사무소에 가서 (　　　) 신고를 하세요.

2 문장을 읽고 맞으면 ◯, 틀리면 ✕ 를 표시하세요.

① 세금을 내지 않으면 나라 살림이 어려워진다.　　(　　)

② 금융 기관은 전쟁을 막고 세계 평화를 유지하는 곳이다.　(　　)

문해력 쑥쑥 테스트

1 이 글의 내용과 맞지 <u>않는</u> 것을 <u>모두</u> 고르세요.

① 공공 기관은 정부가 지원하는 곳으로, 많은 사람에게 도움이 되는 일을 한다.
② 공무원은 공공 기관에서 일한다.
③ 우체국에서는 통장을 만들 수 없다.
④ 공공 기관은 돈을 많이 벌기 위해 다양한 사업을 한다.

2 공공 기관이 하는 일을 정확히 이해한 어린이는 누구일까요?

① 신난다: 내일 소풍이니까 기상청 홈페이지에서 내일 날씨를 찾아봐야지.
② 신나용: 이사하면 경찰서에 가서 전입 신고를 해야 해.
③ 신선해: 불이 나면 경찰서에 신고해야 해.
④ 신기해: 보건소 공무원이 학교에 와서 화재 예방 교육을 했어.

3 이 글의 앞부분에 밑줄 친 '㉠'의 주제로 알맞은 것은 무엇일까요?

① 공공 기관의 종류 및 하는 일
② 공공 기관의 뜻과 공무원의 의무
③ 공공 기관과 금융 기관의 차이점
④ 공공 기관의 문제점

4 이 글의 뒷부분에 밑줄 친 'ⓒ'에 어울리는 사자성어는 무엇일까요?

① 동문서답: 질문과 상관없는 엉뚱한 대답.
② 상부상조: 서로서로 도움.
③ 횡설수설: 조리 없이 이리저리 말함.
④ 노심초사: 마음속으로 걱정하며 속을 태움.

5 도서관에서 책을 빌리는 어린이에게 돈을 받는다면 어떤 일이 벌어질지 써 보세요.

6 공공 기관과 관련 있는 직업을 알맞게 연결해 보세요.

파출소 •   • 집배원

법원   •   • 경찰관

우체국 •   • 사서

도서관 •   • 판사

검찰청 •   • 검사

작가의 말

　초등학교 3학년 때까지 책 읽기를 너무 싫어했어. 그 이유는 뜻을 모르는 낱말이 너무 많았기 때문이야. 책을 읽지 않아서 맞춤법도 엉망이었어.
　회사 '직원'을 '지권'이라고 썼던 기억이 나. 숙제 검사를 한 선생님이 공책에 빨간 색연필로 틀린 글자를 하나하나 올바르게 적어 주시기도 하셨어.

　상황을 심각하게 생각했던 엄마가 무시무시하고 충격적인 결정을 내리고 말았지. 그건 바로 텔레비전을 못 보게 한 거야!
　세상을 다 잃은 기분이었어. 스마트폰이 없던 먼 옛날이라 그때는 텔레비전을 보는 시간만 손꼽아 기다리곤 했거든.
　온종일 텔레비전과 한 몸처럼 살다가 갑자기 볼 수 없게 되자 너무 큰 슬픔에 빠졌어. 정신을 차릴 수 없었지. 어려운 말로 '금단 증상'이 나타난 거야.

　텔레비전 프로그램 중에 딱 하나만 볼 수 있었어. 뭔지 궁금하지?
　뉴스였어. 어렵고 지루한 뉴스가 그때부터 재미있더라고! 그리고 세상이 어떻게 흘러가는지 조금은 알 수 있었어. 무엇보다 '총선', '지방 자치 단체', '남북 회담' 같은 시사 어휘의 뜻도 뉴스를 보다가 자연스럽게 알게 되었어. 신기하지?

남는 시간에는 책을 읽기 시작했어. 너무 심심했거든. 그전까지는 집에 무슨 책이 있는지 관심도 없었는데, 책을 한 권, 두 권 읽다가 놀라운 사실을 알게 됐지. 내가 역사책을 무척 좋아하더라고.『어린이 삼국유사』를 열 번도 넘게 읽은 기억이 나. 역사책을 꾸준하게 읽었더니 어려운 역사 어휘도 친숙해졌어.

그렇게 차츰 읽기에 흥미가 생겨서 신문도 보기 시작했어. 텔레비전 뉴스를 즐겨 본 덕분에 신문에 나온 낱말도 익숙했던 것 같아. 일 년 정도 지나니 자연스럽게 '책 읽기 싫어증'을 탈출하고, 읽기의 즐거움을 알게 되었어.

어른들이 책 읽기가 중요하다고 말하잖아. 그런데 너무 읽기 싫다고?
그 마음 충분히 이해해. 걱정하지 마. 자기가 좋아하는 게임 설명서, 관심 있는 아이돌 관련 기사, 좋아하는 스포츠 경기나 선수에 대한 기사 등 좋아하는 것을 찾아서 차근차근 읽어 봐! 조금씩 아는 낱말이 늘면서 긴 문장을 읽는 힘이 생길 거야. 그러다 보면 어느 날, 읽기의 달인이 되어 있을 거야. 나처럼.

믿기지 않는다고? 딱 한 달만 도전해 봐!

물론 그 전에 이 책을 미리 읽으면 책 읽기 싫어증에서 더 쉽게 탈출할 수 있을 거야. 한번 믿어 보라고!

이 책을 쓰는 데 도움을 준 전희선 편집자님, 이태화 편집자님, 우리학교 출판사에 고마움을 전하고 싶어. 그리고 해든이와 여울이도 이 책을 읽고 앞으로 계속 책을 좋아하기를 바랄게.

어린이 친구들의 글쓰기를 응원하는
문부일 작가

정답

1부 기초편

1) 아는 만큼 더 맛있다고?
설명문: 우리나라 라면의 역사

쏙쏙 퀴즈 16쪽
1 ①
2 ① ○ ② ×

문해력 쏙쏙 테스트 17쪽
1 당시에는 쌀이 부족해서 '분식 먹기 운동'을 했다.
2 ④
3 면이 단단해서 잘 부서지지 않고, 빨리 익기 때문이다.
4 ④

2) 어린이날, 주인공은 나야 나!
초대장: 어서 와, 이렇게 재미있는 어린이날은 처음이지?

쏙쏙 퀴즈 22쪽
1 ①
2 선착순 / 대기

문해력 쏙쏙 테스트 22~23쪽
1 (지도를 그려 보세요.)
2 ①
3 ④
4 ③

3) 층간 소음을 막아라!
논설문: 서로를 위해 층간 소음을 예방합시다

쏙쏙 퀴즈 28쪽
1 ①
2 연구 / 예민

문해력 쏙쏙 테스트 28~29쪽
1 ③
2 ②
3 ④
4 ③

4) 학교 갈 때 우산을 챙겨야 할까?
일기 예보: 오늘의 날씨를 말씀드리겠습니다

쏙쏙 퀴즈 34쪽
1 ① × ② ×
2 15일

문해력 쏙쏙 테스트 34~35쪽
1 ④
2 ④
3 ④
4 (일기 예보를 읽고 그려 보세요.)

5) 제주도 사투리는 알쏭달쏭해!
생활문: 마음이 멘도롱 또똣해질 때

쏙쏙 퀴즈 40쪽
1 더부룩 / 동치미
2 ① × ② ×

문해력 쏙쏙 테스트 40~41쪽
1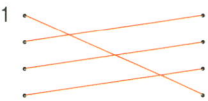

2 ①, ④
3 ②
4 ③

6) 일기를 쓰고 싶어지는 계절
일기: 시험은 너무 어려워!

쏙쏙 퀴즈 46쪽
1 ③
2 호들갑 / 흘겼다

문해력 쏙쏙 테스트 46~47쪽
1 ③
2 ④
3 ②, ④
4 예 아빠, 이번 시험도 잘 보지 못했어요. 다음엔 좀 더 노력해서 잘 볼게요. 자신 있어요!

2부 심화편

1) 심청과 팥쥐가 만난다면?

희곡: 반전 매력이 넘치는 심청과 팥쥐

쏙쏙 퀴즈 59쪽

1 과거 / 급제
2 ① × ② ×

문해력 쑥쑥 테스트 59~61쪽

1 ③
2 심청이랑 같이 먹으려고 팥죽을 챙겨 왔기 때문이다.
3 ③
4 ②
5 ④
6 ①

2) 읽고 싶어, 신문?

기사문: 아이스크림의 앞날은?

쏙쏙 퀴즈 67쪽

1 무인
2 ① ○ ② ○

문해력 쑥쑥 테스트 68~69쪽

1 ③
2 ④
3 ②
4 ②
5 ③
6 ②

3) 나도 이제 백만 유튜버!

방송 기획서: 체인지! 입장 바꿔!

쏙쏙 퀴즈 75쪽

1 섭외 / 제보
2 ①

문해력 쑥쑥 테스트 76~77쪽

1 예 신동엽 아저씨. 〈TV 동물농장〉을 좋아하는데 진행을 잘하신다. 아이들 마음도 잘 아시지 않을까? 개그맨이라 재밌게 진행하실 것 같다.
2 ②
3 ③
4 ④
5 예 "어른들은 몰라요!" 그런데 어른들도 같은 마음이래요. "아이들은 몰라요! 아무것도 몰라요." 우리 서로 바꿔서 이해해 봐요.
6 예 수행 평가가 얼마나 어려운지 알아주면 좋겠다.

4) 문자 대신 편지를!

편지글: 사촌 신나용에게

쏙쏙 퀴즈 83쪽

1 후련 / 화해
2 ①

문해력 쑥쑥 테스트 83~85쪽

1 ①
2 ④
3 ④
4 ③
5 ②
6 예 난다야, 편지 잘 받았어. 사과해 줘서 고마워. 나도 남들과 나를 비교하지 않고 즐겁게 노력해 볼게.

5) 시도 때도 없이 읽고 싶은 시
시: 바닷가에서

쏙쏙 퀴즈 89쪽
1 ① × ② ○

문해력 쑥쑥 테스트 90~91쪽
1 ③
2 게 게 게들아 게 섰거라
3 예 우리들의 바닷가 달리기
4 ②
5 ②
6 (자유롭게 그려 보세요.)

7) 공공 기관으로 출동!
설명문: 공공 기관의 종류와 하는 일

쏙쏙 퀴즈 105쪽
1 협력 / 전입
2 ① ○ ② ×

문해력 쑥쑥 테스트 106~107쪽
1 ③, ④
2 ①
3 ②
4 ②
5 예 어린이들이 마음껏 책을 볼 수 없게 된다. 용돈이 부족한 어린이는 도서관을 이용할 수 없게 될 것이다.
6

6) 어린이 희망 직업 1위가 궁금해?
조사 통계표: 어른들은 몰라요!

쏙쏙 퀴즈 96쪽
1 정년 / 강점
2 ④

문해력 쑥쑥 테스트 97~99쪽
1 ④
2 ③
3 연예인, 교수, 패션 디자이너
4 ②
5 ④
6 예 아이돌. 평소 춤과 노래로 사람들을 즐겁게 하는 걸 좋아하고, 친구들도 내가 잘할 것 같다고 말했다. 아이돌이 되기 위해 기획사 오디션을 보며 연습생이 될 기회를 잡아 보겠다.

참고 자료

도서
- 『내게 익숙한 것들의 역사』 문부일, 마음이음, 2021
- 『나는 그냥 고양이』 최승호 지음, 이갑규 그림, 우리학교, 2024

자료
- 「2018 초중등 진로교육 현황조사 결과 발표」 교육부, www.moe.go.kr, 2018
- 초등 교과서 4학년 1학기 사회

기사
- 「"의사 되고 싶어요" 초등생 장래희망 2위 올라섰다…1위는」 장윤서, 중앙일보, 2023.11.26.

우리학교 어린이 교양
책 읽기 싫어증
: 문해력 쭉쭉 키우는 읽기 처방전

초판 1쇄 펴낸날 2025년 5월 26일

글	문부일
그림	주노
펴낸이	홍지연
편집	홍소연 고영완 이태화 이수진 김신애
디자인	이정화 박태연 정든해 이설
마케팅	강점원 최은 신예은 김가영 김동휘
경영지원	정상희 배지수
펴낸곳	(주)우리학교
출판등록	제313-2009-26호(2009년 1월 5일)
제조국	대한민국
주소	04029 서울시 마포구 동교로12안길 8
전화	02-6012-6094
팩스	02-6012-6092
홈페이지	www.woorischool.co.kr
이메일	woorischool@naver.com

ⓒ문부일, 주노, 2025
ISBN 979-11-6755-328-7 (73800)

- 책값은 뒤표지에 적혀 있습니다.
- 잘못된 책은 구입한 곳에서 바꾸어 드립니다.
- KC 마크는 이 제품이 공통안전기준에 적합하였음을 의미합니다.

만든 사람들
편집	전희선, 이태화
디자인	박해연, 이설